Vente du Lundi 24 Avril 1899

HOTEL DROUOT — SALLE N° 8.

CATALOGUE

D'UN CHOIX DE

LIVRES CONTEMPORAINS

en exemplaires

CHOISIS, CURIEUX OU UNIQUES

TIRÉS DE LA BIBLIOTHÈQUE

d'un

BIBLIOPHILE PARISIEN

PARIS

A. DUREL, LIBRAIRE

21, RUE DE L'ANCIENNE-COMÉDIE, 21

9 ET 11, PASSAGE DU COMMERCE, 9 ET 11

1899.

Arras. — Imp. Vve Schoutheer-Dubois, rue des Trois-Visages, 53.

CATALOGUE

D'UN CHOIX DE

LIVRES CONTEMPORAINS

Tirés de la Bibliothèque

D'UN

BIBLIOPHILE PARISIEN

LA VENTE AURA LIEU

Le Lundi 24 Avril 1899

A deux heures de l'après-midi

HOTEL DES COMMISSAIRES-PRISEURS, 9, RUE DROUOT

Salle n° 8, au premier

Par le Ministère de Me Maurice DELESTRE ✱, Commissaire-Priseur

5, Rue Saint-Georges, 5

Assisté de M. A. DUREL, Libraire-Expert,

21, rue de l'Ancienne-Comédie, 9 et 11, passage du Commerce.

Voir l'ordre de la Vacation au verso du titre

☞ Les livres pourront être examinés à la Librairie A. DUREL, du Mercredi 19 au Vendredi 21 Avril, de 2 heures à 5 heures.

CONDITIONS DE LA VENTE

Les acquéreurs payeront 5 p. 100 en sus des adjudications.

Les livres devront être collationnés dans les vingt-quatre heures de l'adjudication Passé ce délai, ils ne seront repris pour aucune cause.

M. A. DUREL, **chargé de la vente, remplira les Commissions des personnes qui ne pourraient y assister**

CATALOGUE

D'UN CHOIX DE

LIVRES CONTEMPORAINS

en exemplaires

CHOISIS, CURIEUX OU UNIQUES

TIRÉS DE LA BIBLIOTHÈQUE

d'un

BIBLIOPHILE PARISIEN

PARIS

A. DUREL, LIBRAIRE

21, RUE DE L'ANCIENNE-COMÉDIE, 21

9 ET 11, PASSAGE DU COMMERCE, 9 ET 11

1899.

ORDRE DE LA VACATION

Numéros.	85 à 134
Numéros.	34 à 84
Numéros.	1 à 33

Nota. — La Collection de Couvertures illustrées (nº 135) sera vendue dans le courant de la Vacation

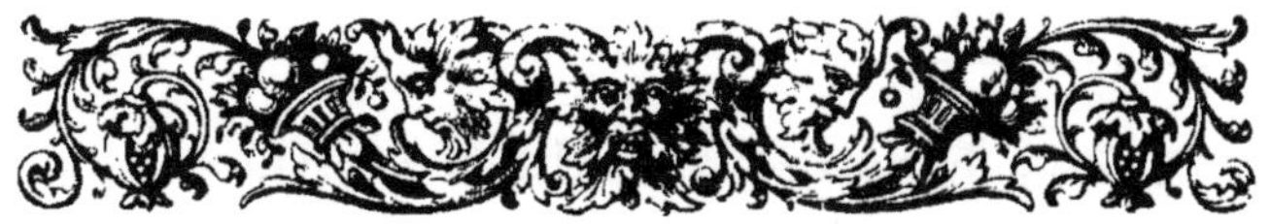

CATALOGUE

D'UN CHOIX DE

LIVRES CONTEMPORAINS

Tirés de la Bibliothèque

D'UN

BIBLIOPHILE PARISIEN

1. **About** (E.). Le Roi des Montagnes. Dessins de Ch. Delort, gravés par Mongin. *Paris, Librairie des bibliophiles*, 1883, in-8 raisin, demi-rel. dos et coins de mar. bleu clair, dos orné à petits fers et mosaïqué de mar. rouge et citron, til., tête dor., non rog., couv. (*Champs.*)

   Tiré à 250 exemplaires numérotés sur grand papier. L'un des 200 sur vélin de Hollande à la forme.

2. **Affiches illustrées** (Les). — 1886-1895—, par Ernest Maindron. *Paris, G. Boudet*, 1896, in-4, pap. vél., titre r. et n., br., couv. impr. en couleurs.

   Ouvrage orné de 64 Lithographies en couleurs, et de 102 reproductions en noir et en couleurs, d'après les affiches originales des meilleurs artistes.

3. **Affiches Étrangères illustrées** (Les), par MM. Bauwens, T. Hayashi, La Forgue, Meier-Graefe, J. Pennell. *Paris, G. Boudet*, 1897. in-4, pap. vél., titre r. et n., br., couv. impr. en couleurs.

Ouvrage orné de 62 Lithographies en couleurs et de 150 reproductions en noir et en couleurs, d'après les affiches originales des meilleurs artistes.

4. **Annales littéraires** et administratives des Bibliophiles Contemporains pour 1891. *Paris, Imprimé pour les Sociétaires de l'Académie des beaux livres*, 1892. in-8 raisin, pap. de Holl., portr. et fac-similé d'une lettre autographe du Duc d'Aumale, fig. dans le texte, br., couv. illust.

Tiré à 225 exemplaires (n° 221).

5. **Arène** (Paul). Le Secret de Polichinelle. Enluminé par A. Robida. *Paris, H. Floury*, 1897, in-4, portr. et fig. en couleurs, cart., dos et coins de mar. rouge, dos avec ornem. dor. et mosaïque de mar. vert, fil., non rog., couv. (*Carayon.*)

Exemplaire tiré sur papier du Japon, enrichi de une MAGNIFIQUE AQUARELLE ORIGINALE de A. ROBIDA l'illustrateur du livre, couvrant entièrement le faux-titre.

6. **BALADES DANS PARIS**. Au Moulin de la Galette— à l'Hôtel Drouot— Sur les Quais — Au

Luxembourg. Notes inédites par MM. E. R. Paul Eudel, B.-H. Gausseron et Adolphe Retté. *Paris, imprimé pour les « Bibliophiles Contemporains » Académie des beaux-livres*, 1894, pet. in-4. Illustrations de A. Bertrand, texte avec cadres lithographiques polychromes, composés et mis sur pierre par Alexandre Lunois, br., couv. impr. en couleurs.

Tiré à 180 exemplaires, avec deux états des planches en *noir* et *coloriées*.

7. **Béjot** (Eug.). A Paris « Squares et Jardins ». Croquis Lithographiques. par Eug Béjot (*Paris*, 1896), in-fol. de 8 planches tirées sur pap. vergé de Holl., en feuilles, dans un carton.

Tiré à 60 exemplaires numérotés et paraphés par l'auteur (nº 10).

8. **BERALDI** (Henri). Les Graveurs du XIXe siècle. Guide de l'amateur d'estampes modernes. *Paris, L. Conquet*, 1885-1892, 12 tomes en 6 vol. in-8, cart. dos et coins de perc., non rog., couv. (*Carayon.*)

Bel exemplaire provenant de la Bibliothèque de L. Conquet, tiré sur papier vergé, non mis dans le commerce, contenant les 38 frontispices, la plupart en 3 états dont les eaux-fortes et épreuves d'artistes.

Envoi autographe signé de l'auteur à M. Conquet.

9. **Bouchot** (Henri). L'Epopée du Costume Militaire Français. Aquarelles et Dessins originaux

de Job. *Paris, L.-Henri, May, s. d.* (1898), gr. in-4 avec 250 compositions de Job et 10 planches hors texte tirées en couleurs, br.. couv. impr. en couleurs.

10. **Chalendar** (Colonel de). Les Hussards de Chamborant (2e Hussards) 1735-1897. *Paris. Firmin-Didot et Cie*, 1897, gr. in-8, br., couv. illust.

Ouvrage illustré de 2 planches en couleurs d'après Grammont et Dodelier et de 24 planches hors texte en noir d'après Carle Vernet, Eugène Lami, Charlet, Chigot, etc.

11. **CHAMPFLEURY**. Le Violon de Faïence. Nouvelle édition, illustrée de 34 eaux-fortes de Jules Adeline, avant-propos de l'auteur. *Paris, L. Conquet*, 1885, pet. in-8, mar. bleu, ornem. de filets droits, courbés et entrelacés, 4 sur le dos et 10 sur les plats, dent. int., tr. dor. sur brochure, couv. (*Joly.*)

Bel exemplaire. SUPERBE RELIURE aux JEUX de FILETS.

L'un des 30 exemplaires tirés sur papier du Japon, contenant les eaux-fortes en 3 états (dont l'eau-forte pure).

12. **Chateaubriand**. Les Aventures du Dernier Abencerage, portrait d'après David d'Angers, interprété par Florian, 43 illustrations de Daniel Vierge, gravées par Florian. *Paris, E. Pelletan*, 1897, in-8 jésus, cart. dos et coins de

mar. vert, tête dor., non rog., couv. (*Carayon.*)

Tiré à 350 exemplaires numérotés (nº 210). L'un des 150 sur papier vélin du Marais.

13. **CLARETIE** (Jules). Bouddha, 1 frontispice et 10 vignettes dessinés par Robaudi, gravés par A. Nargeot. *Paris, L. Conquet*, 1888, in-16, mar. orange, ornem. de bandes de filets dor. entrelacés, sur le dos et les plats, 5 fil. int., tr. dor. sur brochure, couv. (*Chambolle-Duru.*)

Bel exemplaire tiré sur papier du Japon, avec les eaux-fortes en 3 états, dont l'eau-forte pure.

AQUARELLE ORIGINALE de ROBAUDI, l'illustrateur du livre (sur le faux-titre).

TRÈS JOLIE RELIURE.

14. **Claretie** (Jules). Un Chapitre inédit de Don Quichotte, avec trente et une illustrations par Atalaya, gravées sur bois par Henri Brauer. *Paris, H. Floury*, 1898, in-4, br., couv.

Exemplaire tiré sur papier du Japon ; on a gratté un nom au verso du faux-titre.

15. **Claretie** (Jules). Explication. Illustrée par A. Robida. *Paris, Librairie illustrée*, 1894, in-4, cart. dos et coins de mar. La Vall. foncé, dos avec ornem. dor. et mosaïque de mar. vert et citron, fil., non rog., couv. (*Carayon.*)

Tiré à 500 exemplaires numérotés. L'un des 450 sur papier vélin. Exemplaire contenant le texte sur deux papiers différents (papier vélin et papier de Chine); ENRICHI d'UNE SUPERBE AQUARELLE ORIGINALE de A. ROBIDA l'illustrateur du livre (couvrant entièrement le faux-titre.)

16. **Cleland** (John). Mémoires de Fanny Hill, entièrement traduits de l'Anglais pour la première fois, par Isidore Liseux. *Paris. Liseux*, 1887, pet. in-8, cart. dos de perc., non rog., couv.

Tiré à 165 exemplaires numérotés (n° 48). L'un des 160 sur papier de Hollande.

17. **Clémenceau** (Georges) Au Pied du Sinaï. Illustrations de Henri de Toulouse Lautrec. *Paris, H. Floury, s. d.*, in-4, cart. dos et coins de mar. citron, dos orné de feuillages dor. et de fleurs en mosaïque de mar. bleu, fil., non rog. couv. (*Carayon.*)

L'un des 25 exemplaires sur Japon ancien, contenant en tirages différents trois épreuves de toutes les lithographies et une suite à part des planches refusées.

18. **Collection Edouard Guillaume** « Lotus Bleu » 22 vol. in-16, br., couv. illust.

L'un des 50 exemplaires sur PAPIER DU JAPON.

G. Beaume : Perrette illustrations de A. Calbet. — J. Claretie : La Divette, illustrations de L. Marold. — Chateaubriand : Le Dernier Abencerage, illustrations de A. Calbet. — A. Daudet : Contes d'Hiver, illustrations de G. Picard. — A. Daudet : L'Enterrement d'une Etoile, illustrations de Luigi Rossi (*Exemplaire sur Chine*). —A. Daudet : Trois Souvenirs, illustrations de G. Picard.—R de Flers : La Courtisane Taïa et son Singe vert, illustrations de L. Marold et A. Fabrés. — E. et J. de Goncourt : Première

Amoureuse, illustrations de A. Calbet. — A. Hermant : Deux Sphinx, illustration de Mittis.—C. Lemonnier : L'Aumône d'Amour, illustrations de Marold et Mittis. — J. Lorrain : M. de Bougrelon, illustrations de Marold et Mittis — J. Lorrain : Une Femme par jour, femmes d'été, illustrations de Mittis. — F. Masson : Marie Walewska (les Maîtresses de Napoléon), illustrations de Marold et Mittis. — Ch. Nodier : Thérèse Aubert, illustrations de A. Calbet. — J.-H. Rosny : Elem d'Asie, idylle des temps primitifs, illustrations de Mittis. — La Tentatrice, par J.-H. Rosny, illustrations de A. Calbet. — J.-H. Rosny : Nouvel Amour, illustrations de L. Marold. — A. Theuriet : Lilia, illustrations de Marold et Mittis.— A. Theuriet : Philomène, illustrations de L. Marold. — J. Viollis : L'Emoi, illustrations de A. Calbet. — E. Zola : Madame Neigeon, illustrations de A. Calbet.—E. Zola : Pour une Nuit d'Amour, illustrations de G. Picard.

19. **Coppée** (Fr.). Le Passant, comédie en un acte, en vers. Reproduction en fac-simile du manuscrit de l'auteur et d'une page de musique de J. Massenet. Compositions de Louis-Edouard Fournier, eaux-fortes de Léon Boisson. *Paris, A. Magnier*, 1897, gr. in-8, cart. dos et coins de mar. grenat, dos orné de branches de feuillages dor., fil., non rog., couv. (*Carayon.*)

Tiré à 300 exemplaires numérotés. L'un des 185 sur papier vélin de cuve.

20. **Daudet** (Alph.). Contes choisis, avec sept eaux-fortes par E. Burnand. *Paris, Librairie des bibliophiles*, 1883, in-8 raisin, demi-rel. dos et coins de mar. rouge à gros grain, ornem. à petits fers et en mosaïque de mar. bleu et citron

sur le dos, fil., tête dor., non rog., couv. (*Champs.*)

Tiré à 250 exemplaires numérotés sur grand papier. L'un des 200 sur vélin de Hollande à la forme.

21. **DAUDET** (Alph.). Sapho. Compositions de Auguste-François Gorguet, gravures à l'eau-forte de Louis Muller. *Paris, A. Magnier*, 1897, in-8 raisin, mar. bleu sombre, branche d'Orchidée en mosaïque sur le premier plat, doublé et gardes étoffe, large bordure avec ornem. de 6 filets, mors de mar. bleu, doubles gardes, tr. dor. sur brochure, couv., étui (*Marius Michel*).

DE LA COLLECTION DES DIX.
L'un des 10 exemplaires tirés sur papier vélin de cuve, contenant une double suite de toutes les illustrations dans le texte et une triple suite des illustrations hors texte, gravées à l'eau-forte.
SUPERBE RELIURE.

22. **Delvau** (A.). Histoire anecdotique des Cafés et Cabarets de Paris, avec Dessins et Eaux-fortes de G. Courbet, Léop. Flameng et F. Rops. *Paris, Dentu*, 1862, in-12, cart. dos et coins de mar. rouge, dos orné à petits fers, fil., non rog. (*Carayon*).

Bel exemplaire de l'édition originale, avec la couverture.

23. **Devic** (Marcel). Antar, poème héroïque arabe, d'après la Traduction de Marcel Devic. Illustrations en couleurs de E. Dinet. *Paris, L'Édition*

d'Art, H. Piazza et Cie, 1897, in-4, titre avec ornem. en couleurs, br., couv., emboitage.

Tiré à 300 exemplaires numérotés (n° 162). L'un des 230 sur papier vélin des Vosges à la cuve.

24. **ÉDITIONS RÉSERVÉES** de la Collection Liseux, 9 vol. in-16, cart. dos de mar. lilas, non rog., couv.

Ouvrages imprimés à 150 exemplaires et non destinés au commerce.

Contes de Vasselier (XVIII° siècle) — Doutes Amoureux, ou Cas de conscience et points de droit. Avec leurs solutions à l'usage des Confesseurs et des Magistrats — La Tariffa delle Puttane di Venezia (XVI° siècle). Texte Italien et traduction littérale. — Le Petit-Neveu de Grécourt, ou Etrennes Gaillardes. — Le Zoppino, dialogue de la vie et généalogie de toutes les Courtisanes de Rome (XVIe siècle). — Les Cadenas et Ceintures de chasteté. — Sinistrari d'Ameno : De la Sodomie et particulièrement de la Sodomie des Femmes, distinguée du Tribadisme. — Veniero : La Puttana errante, poème en quatre chants (XVI° siècle). — Veniero : Le Trente et Un de la Zaffetta, poème (XVI° siècle).

25. **Estampe** (l') et l'**Affiche**. Revue d'Art. Directeur : Clément-Janin — Rédacteur en chef : André Mellerio. *Paris, E. Pelletan*, 1897-1898, 2 vol. in-4, nombreuses illustrations.

L'un des 25 exemplaires sur papier vélin de cuve (n° 12), contenant le TIRAGE A PART sur CHINE volant de toutes les illustrations.

Le tome Ier est en demi-rel. dos et coins de mar. r., ornem. de fil. sur le dos, tête rog., non rog., couv. (*Carayon*). — Le tome 2° est en livraisons.

TRÈS-RARE.

26. **FÉMINIES.** Huit chapitres inédits dévoués à la Femme, à l'Amour, à la Beauté, par Gyp, Abel Hermant, Henri Lavedan, Marcel-Schwob et Octave Uzanne. Frontispices en couleurs d'après Félicien Rops, encadrements et vignettes de Rudnicki, *Paris, imprimé pour les « Bibliophiles Contemporains ». Académie des beaux livres*, 1896, gr. in-8, demi-rel. dos et coins de mar. rouge à gros grains, tête dor., non rog., couv.

Tiré à 183 exemplaires. Exemplaire auquel on a ajouté :
1° Le faux-titre et titre à l'état d'épreuves ;
2° Le prospectus pour Féminies ;
3° 6 lettres autographes de Gyp ;
4° 6 lettres autographes de Abel Hermant ;
5° 4 lettres autographes de Henri Lavedan ;
6° 8 lettres autographes de Marcel Schwob ;
7° Planches de Rops avant lettre

27. **FIÉVÉE** (Joseph). La Dot de Suzette, avec notice biographique inédite. Illustrations par V. Foulquier. *Paris, Imprimé pour les Amis des Livres, par Chamerot et Renouard*, 1892, pet. in-8, cart. dos et coins de mar. orange foncé, dos orné à petits fers, fil., non rog., couv. (*Carayon*).

Tirage à 115 exemplaires numérotés non mis dans le commerce, (n° 71) ; celui-ci contient les figures en trois états (dont l'eau-forte pure), et une petite eau-forte originale de Foulquier, en souvenir de l'illustration de la Dot de Suzette.

28. **FLAUBERT** (Gust.). Hérodias. Compositions de Georges Rochegrosse, gravées à l'eau-

forte par Champollion, préface par ANATOLE FRANCE. *Paris, A. Ferroud*, 1892, in-8 raisin, br., couv.

L'un des 50 exemplaires numérotés sur papier du Japon, avec 2 états des eaux-fortes ; eaux-fortes terminées avant la lettre avec remarques et avec la lettre.

29. **Flers** (Robert de). Ilsée, Princesse de Tripoli. Lithographies de A. Mucha. *Paris, L'Édition d'Art, H. Piazza et Cie,* 1897, in-4, lithographies tirées en couleurs ornant chacune des pages du livre, cart. vélin blanc, non rog., couv., étui. (*Carayon*).

Tiré à 252 exemplaires numérotés et signés par les éditeurs. L'un des 180 sur vélin à la forme, auquel on a ajouté, le spécimen de la publication avec le tirage à part sur Japon.

Très jolie reliure en vélin blanc avec le dos et les plats recouverts de FLEURS PEINTES A L'AQUARELLE.

30. **France** (Anatole). Le Lys Rouge. *Paris, Calmann Lévy*, 1894, in-12, br.

Edition originale, avec la couverture.

30 *bis*. **France** (Anatole). Le Puits de Sainte Claire. *Paris, Calmann Lévy*, 1895, in-12, br.

Edition originale, avec la couverture.

Signature autographe d'ANATOLE FRANCE, sur le faux-titre.

31. **FRANCE** (Anatole). Au Petit Bonheur, Comédie en un acte. Représentée, pour la pre-

mière fois, le 1er Juin 1898. *Paris, Imprimé pour Pierre Dauze*, 1898, pet. in-4, avec le portrait de l'auteur, br., couv.

Il a été tiré de ce Manuscrit : 50 copies fac-simile numérotées (n° 38), dont 15 copies sur papier de Hollande à la forme, seules mises dans le commerce.
Nom effacé sur le faux-titre.

32. **FRANCE** (Anatole). La Leçon bien apprise, conte inédit. Imagé et Manuscrit par Léon Lebègue, tiré en deux tons sur un superbe vélin du Japon, et entièrement aquarellé à la main sous la direction de l'artiste, double tirage des gravures en noir avant texte sur Chine. *Paris, Imprimé pour les Bibliophiles indépendants, H. Floury*, 1898, in-8 carré, br . couv. impr en couleurs.

Tiré à 210 exemplaires numérotés à la main (n° 209).

33. **FRANCE** (Anatole). **La Leçon bien apprise**, conte inédit. Imagé et Manuscrit par Léon Lebègue, tiré en deux tons et entièrement aquarellé à la main sous la direction de l'artiste, — double tirage des gravures en noir avant texte sur Chine. — *Paris, Imprimé pour les Bibliophiles indépendants, H. Floury*, 1898, in-8 carré, mar. rouge, doublé de mar. bleu myosotis, dent. int., gardes soie, tr. dor. sur brochure (*Noulhac*).

EXEMPLAIRE UNIQUE imprimé sur PLACAGE de BOIS de SYCOMORE.

34. **GAUTIER** (Théophile). **La Chaîne d'Or.** Illustrations de Georges Rochegrosse coloriées au pinceau. Préface par Marcel Schwob. *Paris, A. Ferroud*, 1896, in-8 jésus, mar. grenat jans., doublé et gardes étoffe, large bordure orn. de 8 filets, mors de mar. grenat, doubles gardes, tr. dor. sur brochure, couv., étui (*Marius Michel*).

SUPERBE EXEMPLAIRE.
Tirage limité à 200 exemplaires contenant une suite en couleurs des illustrations avec le texte, et une suite en noir hors texte.

35. **Gautier** (Théophile). Jean et Jeannette, illustré de Vingt-quatre compositions par Ad. Lalauze, préface par Léo Claretie. *Paris, A. Ferroud*, 1894, in-8 raisin, demi-rel. dos et coins de mar. rouge, dos orné à petits fers et mosaïqué de mar. vert et citron, fil., non rog., couv. (*Carayon*).

L'un des 250 exemplaires tirés sur papier vélin d'Arches.

36. **Gautier** (Théophile). Militona. Un portrait et dix compositions de Adrien Moreau, gravés par A. Lamotte. *Paris, L. Conquet*, 1887, in-8 écu, demi-rel. dos et coins de mar. orange, dos orné à petits fers et mosaïqué de mar. rouge, fil., tête dor., non rog., couv. (*Champs*).

Tiré à 500 exemplaires numérotés. L'un des 350 sur petit papier vélin du Marais.

37. **Gautier** (Théophile). La Mille et Deuxième Nuit. Illustrée de neuf compositions par Ad. Lalauze, préface par L. Gastine. *Paris, A. Ferroud*, 1898, in-8 raisin, cart. dos et coins de mar. rouge, dos mosaïqué, fil., non rog., couv. (*Carayon*).

Exemplaire tiré sur papier du Japon contenant les EAUX-FORTES EN 3 ÉTATS dont l'eau-forte pure avec remarques.
Exemplaire ENRICHI de UNE CHARMANTE AQUARELLE ORIGINALE de AD. LALAUZE, l'illustrateur du livre (sur le faux-titre).

38. **GAUTIER** (Théophile). **Une Nuit de Cléopatre**, illustrée de vingt-et-une compositions par Paul Avril, préface par Anatole France. *Paris, A. Ferroud*, 1894, in-8 raisin, mar. bleu sombre jans., doublé de mar. La Vallière, avec un semis de fleurs de Lotus, en mosaïque de mar. de diverses couleurs, fil., mors de mar. bleu sombre, gardes étoffe, tr. dor. sur brochure, couv., étui (*Marius Michel*).

L'un des 40 exemplaires sur grand papier vélin d'Arches avec 3 états des eaux-fortes : eaux-fortes pures, eaux-fortes terminées avant la lettre avec remarques et eaux-fortes avec la lettre.
TRÈS RICHE RELIURE.

39. **Gautier** (Théophile). Omphale, histoire rococo. Illustrations de Ad. Lalauze, préface par A. de Claye. *Paris, A. Ferroud*, 1896, in-12, mar. vert olive, dos orné à petits fers, comp. de filets avec entourage de feuillages et coins

dor., doublé et gardes étoffe de soie, large bordure avec fil. et coins dor., mors de mar. vert olive, doubles gardes, tr. dor. sur brochure, couv. (*Marius Michel*).

Très bel exemplaire tiré sur grand papier vélin d'Arches, avec 3 états des eaux-fortes : eaux-fortes pures, eaux-fortes terminées avec remarques et eaux-fortes avec la lettre.

40. **Gautier** (Théophile). Le Petit Chien de la Marquise, préface par Maurice Tourneux. *Paris, L. Conquet*, 1893, in-16, cart. dos et coins de mar. bleu jans., non rog., couv.

L'un des 150 exemplaires tirés sur papier vélin blanc avec les dessins rehaussés à l'aquarelle sous la direction de L. Morin et le tirage à part en noir sur Chine volant.

41. **Gautier** (Théophile). Poésies de Th. Gautier qui ne figureront pas dans ses œuvres, précédées d'une Autobiographie, ornée d'un portrait singulier. *France, Imprimerie particulière*, 1873, pet. in-8 de 84 pp., cart. perc., tête dor., non rog.

Tiré à 162 exemplaires. — L'un des 150 sur papier de Hollande.
Edition rare, publiée à Bruxelles par A. Poulet-Malassis.

42. **Gautier** (Théophile). Le Roi Candaule. illustré de Vingt-et-une compositions par Paul Avril, préface par Anatole France. *Paris, A. Ferroud*, 1893, in-8 raisin, demi-rel. dos et coins

de mar. vert, dos orné à petits fers et mosaïqué de mar. rouge, fil., tête dor., non rog., couv. (*Canape*).

L'un des 250 exemplaires tirés sur papier vélin d'Arches.

43. **GÉRARD de NERVAL**. Sylvie, Souvenirs du Valois, préface par Ludovic Halévy, Quarante-deux compositions dessinées et gravées à l'eau-forte par Ed. Rudaux. *Paris, L. Conquet*, 1886, in-12, mar. bleu clair, ornem. à petits fers et roses en mosaïque de mar. rouge sur le dos et les plats, dent. int., tr. dor. sur brochure, couv. (*Marius Michel*).

Bel exemplaire tiré sur grand papier du Japon, (nº 53) avec les eaux-fortes en 2 états, dont le tirage à part.

44. **Goncourt** (Edm. de) La Fille Elisa. *Paris, Charpentier*, 1877, in-12, demi-rel. dos et coins de mar. rouge, dos orné à petits fers, fil., tête dor., non rog. (*Bretault*).

EDITION ORIGINALE, avec la couverture. L'un des 75 exemplaires tirés sur papier de Hollande, contenant :

1º Une note autographe signée de l'auteur, sur la garde.

2º Le portrait d'Edmond de Goncourt, gravé à l'eau-forte, par Bracquemond, épreuve tirée sur papier de Chine.

3º 5 figures non signées, dont 2 tirées sur papier de Chine volant.

4º 114 COMPOSITIONS ORIGINALES, par EDGARD VIAL, dont 70 Aquarelles, 21 dessins à l'encre de Chine et 23 dessins à la plume sur le faux titre et sur les marges.

Dans le même volume : La Fille Elisa, scène d'atelier en un acte, par un auteur bien connu, avec illustrations d'un artiste aussi renommé qu'original. *A. Rome, au Temple de Vénus, s. d.*, in-12, pap. vergé.

Exemplaire, avec les figures en 5 états, tirées sur vieux Japon et enrichi de 4 COMPOSITIONS ORIGINALES dont 3 aquarelles et un dessin à la plume (sur le faux titre et sur les marges).

45. **GONCOURT** (Edm. de). La Fille Elisa. Compositions et Eaux-fortes originales de Georges Jeanniot. *Paris, E. Testard*, 1895, in-8 raisin, mar. grenat, doublé et gardes étoffe, large bordure avec ornem. de 8 fil., mors de mar. grenat, doubles gardes, tr. dor. sur brochure, couv., étui (*Marius Michel*).

DE LA COLLECTION DES DIX.

L'un des 40 exemplaires tirés sur papier vélin à la cuve, avec une triple suite des eaux-fortes, et le tirage à part hors texte sur papier de Chine volant des vignettes.

On a ajouté une *eau-forte refusée*, pour le chapitre XIX.

46. **Guiches** (Gustave). La Pudeur de Sodome. Frontispice gravé à l'eau-forte par Félicien Rops. *Paris, Quantin*, 1888, in-4, demi-rel. dos et coins de mar. olive, dos sans nerfs avec ornem. dor. et mosaïqués de mar. rouge et mauve, fil., tête dor., non rog., couv. (*Bretault*).

L'un des 22 exemplaires tirés sur papier du Japon, avec deux épreuves du frontispice ; ENRICHI de UNE AQUARELLE ORIGINALE de RASSENFOSSE (sur le faux titre)

47. **HALÉVY** (Lud.) Karikari. Aquarelles d'après Henriot. *Paris, L. Conquet*, 1887, in-16 cart.

mar. rouge à long grain, non rog., couv. (*Carayon*).

Tiré à 300 exemplaires sur papier du Japon, et non mis dans le commerce.

Exemplaire ORNÉ de 20 COMPOSITIONS ORIGINALES de HENRIOT, dont 13 AQUARELLES et 7 DESSINS A LA PLUME (sur le faux titre et sur les marges).

48. **Halévy** (Lud.) Princesse — Un grand mariage — Les Trois coups de foudre — Mon camarade Mussard. *Paris, Calmann Lévy*, 1887, in-12, demi-rel. dos et coins de mar. rouge, dos orné à petits fers, fil., non rog., couv. (*Canape-Belz*).

L'un des 75 exemplaires tirés sur papier de Hollande, ENRICHI de 30 COMPOSITIONS ORIGINALES de H. SOMM, dont 8 AQUARELLES et 22 DESSINS A L'ENCRE DE CHINE, sur les faux titres et sur les marges.

49. **Halévy** (Lud.) Trois Coups de Foudre. Dix dessins de Kauffmann, gravés par T. de Mare. *Paris, L. Conquet*, 1886, in-16, pap. vergé du Marais, demi-rel. dos et coins de mar. bleu, dos orné à petits fers, et roses en mosaïque de mar. rouge, fil., tête dor., non rog., couv. (*Canape*).

50. **HARAUCOURT** (Edmond). L'Effort — La Madone — L'Antechrist — L'Immortalité — La fin du Monde. *A Paris, publié pour les Sociétaires de l'Académie des beaux Livres, Bibliophiles Contemporains*, 1894, in-4, maroq. fauve

grande composition, copie d'une illustration de Courboin, sur le dos, les plats et à l'intérieur, doublé et gardes en étoffe, mors de maroq. fauve, doubles gardes, tête dor., non rog., couv., étui (*R. Petit*).

Illustrations de : MM. Alex. Lunois, Eug. Courboin, Carlos Schwabe, Alex. Séon.

Edition tirée à 160 exemplaires non mis dans le commerce.

TRÈS CURIEUSE RELIURE.

51. **Haraucourt** (Edmond). La Madone. (Publication de la Société des Bibliophiles contemporains). *S. l. n. d.* (*Paris, imprimerie Quantin*), in-4, cart. dos et coins de perc. argentée, non rog. (*Noulhac*).

Ce Conte a été illustré de Lithographies en couleurs dessinées sur pierres à repérage par Alexandre Lunois.

EXEMPLAIRE UNIQUE sur vieux Japon, tiré par Lunois, à part du tirage fait pour la Société.

52. **Henriot**. Napoléon aux Enfers, illustrations par l'auteur. *Paris, L. Conquet*, 1895, in-16, pap. vél., br., couv. illust.

Tiré à 400 exemplaires, dont 100 seulement mis dans le commerce (n° 47).

53. **Heredia** (José-Maria de). Les Trophées (poésies). *Paris, Lemerre*, 1893, in-12, br.

Edition originale, avec la couverture. Très-rare.

L'un des 25 exemplaires tirés sur papier de Chine (n° 17).

54. **Histoire des Quatre Fils Aymon**, très nobles et très vaillants chevaliers. Illustrée de compositions en couleurs par Eugène Grasset, gravure et impression par Ch. Gillot, introduction et notes par Ch. Marcilly. *Paris, H. Launette*, 1883, in-4, pap. vél. teinté, cart. dos et coins de mar. gren. jans., non rog., couv.

Exemplaire auquel on a ajouté :

1° Une lettre autographe de Eugène Grasset, l'illustrateur du livre.

2° Le portrait d'Eugène Grasset tiré en couleurs sur Japon d'après un croquis inédit de lui-même.

55. **Hugo** (Victor). Hernani, drame en cinq actes. Un portrait d'après Deveria, et Quinze compositions de Michelena, gravés à l'eau-forte par Boisson. *Paris, L. Conquet*, 1890, gr. in-8, cart. dos et coins de mar. rouge, ornem. dor. sur le dos, fil., non rog., couv. (*Carayon*).

Tiré à 500 exemplaires numérotés. L'un des 350 sur papier vélin du Marais.

56. **Hugo** (Victor). Ruy Blas, drame en cinq actes. Un portrait et Quinze compositions de Adrien Moreau, gravés à l'eau-forte par Champollion. *Paris, L. Conquet*, 1889, gr. in-8, cart. dos et coins de mar. rouge, ornem. dor. sur le dos, fil., non rog., couv. (*Carayon*).

Tiré à 500 exemplaires numérotés. L'un des 350 sur papier velin du Marais.

57. **Hugo** (Victor). Théâtre en Liberté. — Prologue. — La Grand'Mère. — L'Epée. — Mangeront-ils ?. — Sur la lisière d'un bois. — Les Gueux. — Être aimé. — La Forêt mouillée. *Paris, Hetzel et Quantin*, 1886, gr. in-8, demi-rel. dos et coins de mar. grenat, tête dor., non rog., couv. (*Champs*).

L'un des 20 exemplaires tirés sur papier de Hollande, enrichi de 28 COMPOSITIONS ORIGINALES de MÈS (18 aquarelles, 2 dessins au crayon et 8 dessins à la plume).

58. **Imitation de Jésus-Christ** (Les Quatre Livres de), traduction de Michel de Marillac, publiée par les soins de D. Jouaust, préface par M. E. Caro, dessins hors texte par Henri Lévy, gravés à l'eau-forte par Waltner, ornements par H. Giacomelli. *Paris, Librairie des bibliophiles*, 1875, in-8 raisin, pap. vergé de Holl., demi-rel. dos et coins de mar. violet à gros grain, ornem. de fil. sur le dos, tête dor. non rog., couv. (*Champs*).

59. **Jeux enfantins au Japon**. Album comprenant 34 aquarelles originales montrant tous les Jeux des babys Japonais, Escarpolettes, Baignade, Danse, Tambours, Jouets, Pêche, Combats de Coqs, etc., le tout sous une élégante reliure de toile décorée, les aquarelles encadrées de papier à semis d'or.

DÉLICIEUSES AQUARELLES INÉDITES qui pourraient fournir matière à l'édition d'un album illustré pour nos petits Européens.

60. **Lecomte** (Georges). L'Art Impressionniste, d'après la collection privée de M. Durand-Ruel. Trente-six eaux-fortes, pointe-sèches et illustrations dans le texte de A.-M. Lauzet. *Paris, Chamerot et Renouard*, 1892, pet. in-4, pap. vél., cart. dos et coins de mar. gren., ornem. de fil. sur le dos, non rog., couv. (*Carayon*).

61. **LEGRAND** (L.). **Le Livre d'Heures** de Louis Legrand. *Paris, G. Pellet*, 1898, pet. in-4, contenant 13 eaux-fortes originales et plus de 200 dessins dans le texte, mar. tête de nègre, doublé avec deux sujets du livre, tirés sur soie blanche, filet dor., mors de mar. tête de nègre, gardes étoffe, tr. dor., sur brochure, couv., étui (*Canape*).

SUPERBE EXEMPLAIRE.

Tirage unique à 160 exemplaires numérotés sur papier vergé d'Arches.

Exemplaire n° 124, contenant la double suite des 13 EAUX-FORTES, REHAUSSÉES DE COULEURS.

62. **LE SAGE. Histoire de Gil Blas de Santillane.** Vignettes par Jean Gigoux. *Paris, Paulin*, 1835, gr. in-8, texte encadré de fil., portr., nomb. fig. dans le texte, cart. dos et coins de mar. bl., non rog., relié sur brochure (*Carayon*).

Exemplaire hors ligne, entièrement non rogné et avec la couverture à la date de 1836. — Portrait-charge de J.

Gigoux ajouté. On y a joint DEUX JOLIS DESSINS ORIGINAUX DE ALBERT LYNCH qui dut illustrer le *Gil Blas* pour les *Bibliophiles Bretons*.

63. **Lithography et Lithographers** some chapters in the history of the art with technical remarks and suggestions by Joseph et Elizabeth Robins Pennell together with many illustrations. *London, T. Fisher Unwin*, 1898, in-4, nomb. fig. dans le texte et planches hors texte, cart. vél. bl., fers spéciaux, tête dor., non rog. (*Cart. de l'éditeur*).

Edition précieuse pour l'histoire de l'art lithographique récemment publiée à Londres, au prix de 3 Livres Sterling 15 Sch. (98 fr.).

64. **Lovenjoul** (Charles de). Les Projets littéraires de Théophile Gautier. *Paris, Quantin*, 1882, in-4, pap. de Holl., cart. dos et coins de perc., non rog., couv.

Tiré à 100 exemplaires numérotés non destinés au commerce (n° 10).

On a ajouté :

1° 4 lettres autographes de l'auteur.

2° Un portrait-charge de Théophile Gautier, d'après un portrait charge de H. Mailly, vers 1862, épreuve tirée sur papier de Chine volant.

3° L'Ex-libris de Théophile Gautier.

65. **Maillard** (Léon). Études sur quelques Artistes originaux. — Henri Boutet, graveur et pastelliste. — *Paris, H. Floury*, 1894-95, 2 vol. pet. in-4, portr., nomb. illustrations marginales, et planches hors texte, en noir et en couleurs, et

eaux-fortes, demi-rel. dos et coins de mar. mauve, dos mosaïque avec personnages, tête dor., non rog., couvertures impr. (*Raparlier*).

66. **MAUPASSANT** (Guy de). Le Champ d'Oliviers. — *Paris, Imprimé pour la Société des Bibliophiles Contemporains*, 1892, gr. in-8, illustré par Paul Gervais, br., couv.

Ce présent Conte a été illustré par M. Paul Gervais, dont les tableaux à l'huile ont été héliogravés et tirés en taille-douce par MM. Boussod et Valadon, le texte a été tiré sur les presses à bras de l'ancienne Maison Quantin. Le tout sous la direction du fondateur-président Octave Uzanne.

67. **MAUPASSANT** (Guy de). L'Épave. — *Paris, Imprimé pour la Société des Bibliophiles Contemporains*, 1892, in-4, figures lithographiées par Alex. Lunois (*épreuves sur vieux Japon*), br., couv.

EXEMPLAIRE UNIQUE tiré sur grand Whatman colombier.

68. **MAUPASSANT** (Guy de). Hautot père et fils. — *Paris, Imprimé pour la Société des Bibliophiles Contemporains*, 1892, gr. in-8, illustré par G. Jeanniot, br., couv.

Ce présent Conte a été illustré par Georges Jeanniot dont les compositions héliogravées en creux ont été retouchées à l'eau-forte et au burin par Henri Manesse, et tirées en taille-douce polychrome par la Maison Wittman, sous la Direction du Président Octave Uzanne. Le texte composé en italique spéciale de la fonderie Peignot a été tiré sur les presses à bras de l'ancienne Maison Quantin.

69. **MAUPASSANT** (Guy de). Mademoiselle Fifi. *Paris, Imprimé pour la Société des Bibliophiles Contemporains*, 1892, gr. in-8, illustré par MM. A. Gérardin et Ch. Morel, br., couv.

Ce présent Conte a été illustré par MM. A. Gérardin et Morel, dont les dessins dans le texte ont été gravés sur bois par M. Jules Tinayre, et tirés sur les presses à bras de l'ancienne Maison Quantin. Les planches hors texte ont été gravées sur cuivre par Hellé

70. **MAUPASSANT** (Guy de). Mlle Fifi, nouveaux contes. *Paris, V. Havard*, 1883, in-12, cart. étoffe, non rog. (*Pierson*).

Edition originale, avec la couverture, publiée par Havard. Envoi autographe signé de l'auteur, sur le faux titre.

71. **MAUPASSANT** (Guy de). La Maison Tellier. *Paris, Imprimé pour la Société des Bibliophiles Contemporains*, 1892, gr. in-8, illustré de dessins au trait aquarellés par Pierre Vidal, br., couv.

Ce présent Conte a été entièrement illustré de dessins au trait aquarellés par Pierre Vidal, les gravures en relief ont été exécutées par M. Ruckert, et les héliogravures en taille-douce par M. Hellé, le coloriage a été exécuté par M. Grenengaire. Le tout sous la direction du président-fondateur Octave Uzanne.

72. **MAUPASSANT** (Guy de). Un Soir. — *Paris, Imprimé pour les Bibliophiles Contem-*

porains, 1892, gr. in-8, illustré par G. Scott, br., couv.

Ce présent Conte a été entièrement illustré par Georges Scott dont les dessins ont été gravés sur bois, par MM. D. Quesnel et Duplessis, et tirés en typographie repérée sur papier filigrané spécial, sur les presses à bras de l'ancienne Maison Quantin au nombre des sociétaires des *Bibliophiles contemporains* par les soins du président-fondateur Octave Uzanne.

73. **Mérimée** (Prosper). Chronique du règne de Charles IX. Édition ornée de Cent dix compositions par Edouard Toudouze. *Paris, E. Testard et Cie*, 1889, gr. in-8, mar. brun, dos orné à petits fers, fil., dent. int., mors de mar. brun, doubles gardes, tr. dor., étui.

L'un des 75 exemplaires tirés sur papier du Japon (nº 59) contenant le tirage à part de toutes les gravures sur bois.

74. **Mistral** (Fréd.). Les Secrets des Bestes, avec trente compositions de A. Robida. *Paris, H. Floury*, 1896, in-4, titre r. et n., cart. dos et coins de mar. vert olive, dos avec ornem. dor. et mosaïque de mar. rouge, fil., non rog., couv. (*Carayon*).

Tiré à 500 exemplaires numérotés. L'un des 400 sur papier vélin satin, ENRICHI de UNE TRÈS JOLIE AQUARELLE ORIGINALE de A. ROBIDA, l'illustrateur du livre, couvrant entièrement le faux titre, et de 2 fumés pour les figures des pages 4 et 18.

75. **MONTORGUEIL** (Georges). La Parisienne peinte par elle-même. Vingt et une pointe-

sèches tirées hors texte et Quarante et une compositions par Henry Somm. *Paris, L. Conquet*, 1897, in-8, mar. bleu, encad. de filets sur le dos et les plats, doublé de mar. rouge, dent., mors de mar. bleu, gardes en moire bleue, doubles gardes, tr. dor. sur brochure, couv., étui (*Carayon*).

Tirage unique à 150 exemplaires sur papier de Hollande.
BELLE RELIURE.

76. **MOREAU** (Hégésippe). **Le Myosotis**, petits contes et petits vers. Nouvelle édition, illustrée de cent trente-quatre compositions de Robaudi, gravées sur bois par Clément Bellanger, préface par A. Theuriet. *Paris, L. Conquet*, 1893, gr. in-8, mar. bleu, dos et plats ornés de 5 fil., doublé de mar. citron, encad. de mar. bleu, coins ornés d'une branche de myosotis mosaïquée, mors de mar. bleu, tr. dor. sur brochure, couv. étui (*Mercier succes. de Cuzin*).

SUPERBE EXEMPLAIRE provenant de la Bibliothèque de Léon Conquet, tiré pour l'éditeur, sur papier du Japon, contenant le tirage à part des illustrations.
CHARMANTE AQUARELLE ORIGINALE de A. ROBAUDI, l'illustrateur du livre (sur le faux-titre).

77. **Moreau** (Hégésippe). Petits Contes en prose. — Le Gui de Chêne. — La Souris blanche. — Les petits souliers. — Thérèse Sureau, illustré

d'un portrait et de douze compositions par Félix Oudart. *Paris, Rouquette*, 1892, in-8, demi-rel. dos et coins de mar. orange, dos plat avec ornem. de filets, tête dor., non rog., couv. (*Ruban*).

L'un des 200 exemplaires tirés sur papier de Hollande.

78. **MORIN** (Louis). Le Cabaret du Puits-sans-Vin, dessins de l'auteur. *Paris, Delagrave, s. d.* in-4, nomb. fig. dans le texte, front. et planches hors texte en couleurs, cart. dos et coins de mar. rouge, dos orné, non rog. couv. (*Carayon*).

L'un des 20 exemplaires tirés sur papier de Chine, enrichi de une AQUARELLE ORIGINALE de LOUIS MORIN, l'auteur et l'illustrateur du livre (sur le faux titre).

79. **MULLER** (Eugène). La Mionnette. Vingt-huit compositions de O. Cortazzo, gravées à l'eau-forte par Abot et Clapès. *Paris, L. Conquet*, 1885, in-12, mar. bleu, ornem. de filets et de feuillages dor. à petits fers sur le dos et les plats, dent. int., tr. dor. sur brochure, couv. (*Cuzin*).

L'un des 25 exemplaires tiré sur papier du Japon, contenant les eaux-fortes en 3 états (dont l'eau-forte pure).
TRÈS JOLIE RELIURE de CUZIN.

80. **Musset** (Alfred de). Théâtre, avec une introduction par Jules Lemaitre. Dessins de Charles

Delort, gravés par Boilvin. *Paris, Librairie des bibliophiles*, 1889-1891, 4 vol. gr. in-8, fig., demi-rel., dos et coins de chag. gren. poli, fil., tête dor., non rog., couv.

L'un des 100 exemplaires tirés sur grand papier vélin de Hollande à la forme (n° 73) auquel on a ajouté le portrait de Alf. de Musset, tiré en phototypie.

81. **Musset** (Paul de). Le Dernier Abbé, illustré de dix-neuf compositions par Ad. Lalauze, préface par Anatole France. *Paris, A. Ferroud*, 1891, in-8 raisin, demi-rel. dos et coins de mar. vert, dos orné à petits fers, mosaïqué de mar. rouge et citron, fil., tête dor., non rog., couv. (*Canape*).

L'un des 315 exemplaires tirés sur papier vélin d'Arches.

82. **Nicholson** (William). Almanach de douze Sports, 1898. Etude sur William Nicholson et son Art, par Octave Uzanne. *Paris, Société Française d'Éditions d'Art*, 1898, in-4 de 12 lithochromies d'après les bois originaux de William Nicholson, cart. dos et coins de mar. rouge jans., tête dor., non rog., couv.

L'un des 50 exemplaires tirés sur papier du Japon auquel on a ajouté :

1° 18 Lettres autographes de : MM W. Nicholson, W. Heinemann ;

2° 2 Essais de titre ;

3° Le prospectus de l'édition anglaise ;

4° 18 Fumés ou tirage à part ;

5° Une litho. en couleur de Sarah Bernhardt.

83. **NICHOLSON** (William). Almanach de douze Sports, 1898. Etude sur William Nicholson et son Art, par Octave Uzanne. *Paris, Société Française d'Éditions d'Art*, 1898, in-4 de 12 lithochromies d'après les bois originaux de William Nicholson, cart. dos et coins de perc., non rog., couv. pap. Japon illust.

Cette édition de l'Almanach de douze Sports a été tirée à 20 exemplaires (POUR LA SOCIÉTÉ DES XX.). Les planches sur papier de Hollande, le texte sur papier de Chine.

84. **NODIER** (Charles). Le Bibliomane. Vingt-quatre compositions de Maurice Leloir, gravées sur bois par F. Noël, préface de R. Vallery-Radot. *Paris, L. Conquet*, 1894, in-16, mar. rouge jans., doublé de mar. rouge, comp. de fil. droits et courbés, coins dor., mors de mar. rouge, doubles gardes, tr. dor. sur brochure, couv., étui (*Marius Michel*).

Charmant exemplaire tiré sur PAPIER DE CHINE, avec deux états des illustrations, dont le tirage à part.

85. **Paris-Croquis**, journal illustré. Henri Boutet, Directeur. Daniel Maillard, Secrétaire de la Rédaction (de l'origine 6 Octobre 1888 au 20 Juillet 1889). *Paris*, 1888-89, in-4, nomb. fig. dans le texte et hors texte. Croquis..., pointe-sèches par Henri Boutet, cart. dos et coins de perc. verte, non rog.

Rare.

86. **Parnasse Satyrique du XIXe siècle** (le). Recueil de pièces facétieuses, scatologiques, piquantes, pantagruéliques, gaillardes et satyriques des meilleurs Auteurs contemporains, poètes, romanciers, journalistes, etc. Suivi du Nouveau Parnasse Satyrique. *Bruxelles*, 1881, 3 vol. in-8, pap. vergé teinté, demi-rel. dos et coins de mar. bleu, dos orné à petits fers, fil., tête dor., non rog. (*Thierry s^r de Petit-Simier.*)

Bel exemplaire, auquel on a ajouté : 4 Frontispices de Félicien Rops, en 2 états, en *noir* et en *sanguine* tirés sur papier de Chine volant.

87. **Péladan** (J.). A Cœur perdu. *Paris, Edinger*, 1888, in-12, frontispice de F. Rops, cart. de chag. vert poli jans., non rog.

Edition originale, avec la couverture.
Envoi autographe signé de l'auteur, sur le faux-titre.

88. **Péladan** (J.). Le Vice suprême. Préface de J. Barbey d'Aurevilly, frontispice de F. Rops. *Paris, Librairie des Auteurs modernes*, 1884, in-12, cart. pap. japonais, non rog.

Edition originale, avec la couverture.
Envoi autographe signé de l'auteur.

89. **Poë** (E.). Les Poèmes d'Edgar Poë, traduction de Stéphane Mallarmé, avec portrait et fleuron par Edouard Manet. Deuxième édition.

Bruxelles, E. Deman, 1897, in-4, br., couv. illust.

Tiré à 550 exemplaires numérotés (n° 91) L'un des 525 sur papier de Hollande, signature autographe de l'éditeur sur le faux-titre.

90. **Pougens** (C.-M. de). Jocko, précédé d'une notice par **Anatole France**. *Paris, Charavey frères*, 1881, in-32, orné d'une eau-forte dess. et gr. par F. Régamey, de têtes de pages et culs-de-lampe, demi-rel. mar. bl. à long grain, tête dor., non rog.

Exemplaire tiré sur papier vélin teinté. Envoi autographe sur la garde :

A mon cher et excellent confrère, l'humble éditeur de cette bagatelle. ANATOLE FRANCE.

91. **RABELAIS**. Œuvres, contenant la vie de Gargantua et celle de Pantagruel, précédées d'une notice historique sur la vie et les ouvrages de Rabelais, par P.-L. Jacob, illustrations par Gustave Doré. *Paris, J. Bry aîné*, 1854, in-4, br., couv. illust.

Premier tirage des illustrations de G. Doré.

Superbe exemplaire avec la couverture de toute fraicheur.

92. **RASSEMBLEMENTS** (Les). Badauderies parisiennes. *Paris, H. Floury*, 1896, in-8 carré, demi-rel. dos et coins de mar. vert dos orné à petits fers, fil., non rog.

RECUEIL MANUSCRIT de tous les écrivains ayant collaboré à cet ouvrage sur la badauderie parisienne.

On y trouve : Un titre de l'ouvrage, des épreuves corrigées de la préface d'Octave Uzanne. — Un prospectus corrigé sur épreuve. — Des lettres de l'illustrateur François Courboin l'illustrateur du Livre. — Les reçus signés des sommes données aux auteurs des chapitres successifs, enfin les Manuscrits de ces chapitres, AUTOGRAPHES de Tristan Bernard, Romain Coolus, Pierre Weber, Thadée Natanson, Ernest La Jeunesse, Victor Barrucand, Eugène Weck, Paul Adam, Lucien Muhlfeld, Jules Renard, Léon Blum, Alfred Athys, Edmond Pilon, Félix Fénéon, etc., etc.

Il est inutile d'insister sur l'Intérêt considérable de ce recueil d'Autographes qui contient tous les noms de la Génération nouvelle des Jeunes littérateurs qui se sont fait un nom en ces dernières années.

93. **Rassemblements** (Les). Badauderies parisiennes. Physiologies de la rue, observées et notées par P. Adam, A. Athys, V. Barrucand, Tristan Bernard, L. Blum, etc., etc. Prologue par Octave Uzanne, gravures hors texte de F. Vallotton, vignettes dans le texte par F. Courboin. *Paris, Imprimé pour les Bibliophiles indépendants, chez H. Floury*, 1896, in-8 carré, br., couv.

Édition tirée à 220 exemplaires numérotés (n° 195).

94. **Recueil dit de Maurepas**, pièces libres, chansons, épigrammes et autres vers satiriques sur divers personnages des siècles de Louis XIV et de Louis XV, etc. *Leyde*, 1865, 6 vol. in-12, mar. rouge, jans., dent., int., non rognés (*Allô.*)

Exemplaire absolument hors ligne, auquel on a ajouté : 1 frontispice d'Eisen et 194 PORTRAITS, gravés par Thomas de Leu, Moncornet, L. Gaultier, Harrewyn, Saint-Aubin, Legrand, Massard, Dien, Aug. de Duflos, Bovinet, L. Gaucherel, Tardieu, Ceroni (collection Petitot, avec et avant la lettre), Roger, etc.

Exemplaire provenant de la bibliothèque Noilly, avec l'*ex-libris* de ce bibliophile (n° 336 du Cat.)

95. **Renouard** (Paul). La Danse (ou visions chorégraphiques). Vingt dessins de Paul Renouard, transposés en harmonies de couleurs. *Paris, Gillot*, 1892, in-fol. en carton.

Rare, tiré à 295 exemplaires.

Ouvrage encore peu connu des bibliophiles, mais qui restera, à n'en pas douter, l'un des livres les plus curieux du XIXe siècle, tant pour le sujet que pour l'exécution.

Les Annales littéraires des Bibliophiles Contemporains de 1892 lui ont consacré, sous le titre de *Visions chorégraphiques*, un article spécial d'E. Ramiro.

Le sujet, c'est la danseuse de l'Opéra et, comme le dit Ramiro parmi les objets de luxe enfantés par le raffinement des civilisations accomplies, un seul condense et exalte tous les arts, « c'est la danseuse qui danse ».

Le procédé, c'est une très subtile et exquise typographie en couleurs.

96. **Richepin** (J.). Les Débuts de César Borgia. Suite des illustrations de Rochegrosse, gravées à l'eau-forte par P. Avril, Courboin, Fornet et Manesse, pour illustrer les Débuts de César Borgia. *Paris, publié par la Société des Bibliophiles Contemporains*, 1890, in-8, en feuilles.

Epreuves en noir à toutes marges

97. [**Rodrigues**]. Cours de Danse fin de siècle. Illustrations de Louis Legrand. *Paris, E. Dentu*,

1892, gr. in-8, demi-rel. dos et coins de mar. orange, tête dor., non rog., couv.

Bel exemplaire recouvert d'une curieuse reliure en maroquin modèle de Raparlier.

Le sujet représente : *Un Moulin rouge* et au-dessous *une Danseuse fin de siècle.*

98. **Rops** (Félicien). Eaux-fortes, 7 pièces.

1° Illustrations de son Altesse la Femme. Epreuves en couleurs *avant la lettre* sur Japon monté, signées par l'artiste. — Le bout du Sillon — le Miroir de la sorcellerie — la femme au pantin.

2° La lecture du Grimoire, 1er état de morsure sur vieux Japon signée, avec remarque.

3° Etat avec la lettre.

4° L'amour dominant le monde. Epreuve signée par l'artiste.

99. **Rousseau** (J.-J.). La Nouvelle Héloïse, avec une préface par J. Grand-Carteret. Dessins d'Edmond Hédouin, gravés par lui-même et par Toussaint, Eaux-fortes de Lalauze, imprimées dans le texte. *Paris, Librairie des bibliophiles*, 1889, 6 vol. in-16, pap. de Holl., ornem. à petits fers et mosaïqués de mar. rouge sur le dos, fil., tête dor., non rog., couv. (*Champs*).

100. **Rubaiyat** of Omar Khayyam the astronomer-poet of Persia rendered into english verse. *London, Macmillan and C°*, 1898, in-8, veau fauve, dos sans nerf, fil. dor., tête dor., non rog., étui, dos de mar. grenat clair.

RAVISSANT SPÉCIMEN de RELIURE ANGLAISE en VEAU REPOUSSÉ, exécuté par *Miss Alice Shepherd* d'après un dessin de *M. Granville Fell.*

101. **Rue** (La). Paris pittoresque et populaire. Rédacteur en chef Jules Vallès ; directeur, Daniel Lévy. (de l'origine 1er juin 1867 au 11 janvier 1868). *Paris*, 1867-1868, 33 numéros en 1 vol. in-fol., avec illustrations, par Pepin, Cattelain, André Gill, G. Martin et autres, etc., cart. dos et coins de perc.

On a ajouté : La Rue Nouvelle série. Rédacteur en chef Jacques Vingtras (29 novembre-21 décembre 1879), 4 numéros — Journal de Sainte-Pélagie. Rédacteur en chef Jules Vallès (décembre 1868-janvier 1869), 2 numéros. — Le Cri du Peuple, fondé par Jules Vallès (16-18 février 1885, 2 numéros.

Collection bien complète de toutes les revues de Jules Vallès qui ont toutes un caractère de violence politique et une vigueur d'esprit littéraire qui les feront toujours rechercher par les lettrés qui aiment à philosopher sur les idées et attitudes des hommes d'hier.

102. **Sade** (Marquis de). Dorci, ou la bizarrerie du sort. Conte inédit, publié sur le manuscrit, avec une notice sur l'auteur (par **Anatole France**). *Paris*, *Charavay frères*, 1881, in-12 carré, eau-forte par Charpentier, cart. étoffe, non rog., couv. (*Pierson*).

Tiré à 269 exemplaires. L'un des 250 sur papier de Hollande, avec cet Envoi autographe : *Son bien sympathique et très reconnaissant confrère* Anatole France.

103. **Sand** (G.). Les Beaux Messieurs de Bois-Doré. Illustrations d'Adrien Moreau, gravées sur bois par Brauer, Froment, Hamel, Méaulle,

Rousseau et Thomas. *Paris, E. Testard*, 1892, 2 vol. gr. in-8, br., couv.

L'un des 75 exemplaires tirés sur papier du Japon (nº 29) avec le tirage à part sur Japon de tous les bois, en feuilles dans un carton.

104. **Sand** (G.). François le Champi. Dessins et Aquarelles de Eugène Burnand, gravure de Guillaume frères. *Paris, Calmann Lévy*, 1888, in-8 carré, br., couv. illust.

L'un des 100 exemplaires tirés sur papier du Japon (nº 30).

105. **SCHWOB** (Marcel). **La Porte des Rêves.** Illustrations de Georges de Feure. *Paris, Pour les Bibliophiles Indépendants, chez H. Floury*, 1899, in-4 couronne, tiré sur Japon, illustré de 16 planches hors texte gravées sur bois, de 32 encadrements variés, de 15 culs-de-lampe et d'un tripti-frontispicee gravé en taille-douce en 2 tons repérés et colorié à l'aquarelle à la main, br., couv. illust.

Le Tirage de ce Livre pour les Bibliophiles Indépendants a été fait au nombre de 220 exemplaires numérotés, dont 20 exemplaires pour l'auteur et les Collaborateurs (Nº IV).

L'un des 5 exemplaires mis en vente avec 16 DESSINS ORIGINAUX de DE FEURE (au prix de 375 fr.)

Cet exemplaire contient les plus JOLIS DESSINS de L'ARTISTE, on y a ajouté, en outre, des essais de couverture en 3 états, des épreuves de recherche de titre et 16 Gravures tirées en épreuves de fumés sur Japon avant tirage typographique et lettre de légende.

106. **Shakespeare** (W.) Œuvres, traduction nouvelle, avec biographie, notes et glossaire par Jules Lermina, précédée d'une lettre de Victorien Sardou. Illustrations de A. Robida (Tome Ier). *Paris, Boulanger*, 1898, in-4, nomb. fig., br. couv.

Exemplaire enrichi de UNE AQUARELLE ORIGINALE de A. ROBIDA, l'illustrateur du livre (sur le faux titre).

107. **Shakespeare**. W. A Midsummer Night's Dream by William Shakespeare, illustrated by Robert Anning Bell. Edited. With an introduction by Israel Gollanez. *London, J. M. Dent et Cº*, 1895, in-8 carré, figures en couleurs, cart. vélin blanc, dent. int., tête dor., non rog.

Jolies illustrations dans le texte.
Très curieux spécimen de reliure anglaise ornée d'une Peinture de *Miss Agatha Gales*, sur le dos et les plats.

108. **SHERIDAN**. The Rivals by Richard Brinsley Sheridan. Illustrated by Frank M. Gregory. *Sampson Low, Marston, Searle et Rivington, St. Dunstan's House, Fetter Lane Fleet Street, London, s. d.*, in-4, orné de 5 aquarelles et 38 fig. compris dans le texte et hors texte, cart. dos et coins de chag. bl., fers spéciaux, tête dor., non rog. (*Cart. de l'éditeur*)

Edition sur papier de Hollande tiré à 100 exemplaires avec les figures tirées sur papier de Chine. (nº 13)

109. **Silvestre** (Arm.) La Plante enchantée, illustrée par A. Robida. *Paris, Librairie illustrée*, 1895, in-4, cart. dos et coins de mar. gren., dos avec ornem. dor. et mosaïqués de mar. rouge, non rog., couv. (*Carayon*).

Tiré à 500 exemplaires numérotés (nº 344). L'un des 450 sur papier vélin, ENRICHI de UNE BELLE AQUARELLE ORIGINALE de A. ROBIDA, l'illustrateur du livre (sur le faux titre).

110. **STAAL** (Mme de) Mémoires de Madame de Staal (Mademoiselle Delaunay). Un portrait et trente compositions de C. Delort, gravés au burin et à l'eau-forte par L. Boisson, préface de R. Vallery-Radot. *Paris, L. Conquet*, 1891, in-8, mar. bleu, dos orné, fil. et coins dor., dent. int., tr. dor. sur brochure, couv. (*Lortic fils*).

Bel exemplaire tiré sur papier vélin du Marais, avec les eaux-fortes en 2 états, dont le tirage à part. On y a ajouté une épreuve sur Japon de la planche refusée pour le Chapitre XIV.

111. **Théâtre ér......** (le) de la Rue de la Santé, suivi de la Grande Symphonie des Punaises, avec Frontispices dess. et grav. par S. P. Q. R. (Félicien Rops). *Partout et nulle part, l'an de joie*, 1864, 2 tomes en 1 vol. pet. in-8, titre r. et n., cart. dos et coins de mar. orange, non rog.

Tiré à 140 exemplaires numérotés. L'un des 110, petit in-8, sur papier vergé auquel on a ajouté le DESSIN ORI-

GINAL de ROPS pour le frontispice du Tome II, et au verso, un CROQUIS partiel du frontispice du Tome I.

112. **UZANNE** (O.). L'Art dans la Décoration extérieure des Livres en France et à l'Etranger, les Couvertures illustrées, les Cartonnages d'Editeurs, la Reliure d'Art. *Paris, Société Française d'Éditions d'Art, L.-Henry May*, 1898, gr. in-8, demi-rel. dos et coins de mar. rouge lie de vin, dos orné de feuillages et de fleurs dor. et mosaïqué de mar. bleu, fil., tête dor., non rog., couv. (*Noulhac*).

Exemplaire tiré sur papier du Japon contenant :

1° Le DESSIN ORIGINAL du verso du faux-titre de J.-J. Drogue ;

2° Le Dessin refusé pour le mot « l'Art » du Titre ;

3° 42 planches. Essais de titre, de couverture, lettres ornées, portrait, figures, ayant rapport au livre ;

4° 4 Lettres autographes de : MM. Louis Rhead, Georges Auriol et Claessens.

113. **Uzanne** (O.). Bouquinistes et Bouquineurs. Physiologie des Quais de Paris, du Pont Royal au Pont Sully. Illustrations d'Emile Mas, eau-forte frontispice de Manesse. *Paris, Librairies-Imprimeries réunies*, 1893, in-8, cart. dos et coins de mar. La Vall. foncé, dos orné d'abeilles, non rog., couv.

EXEMPLAIRE UNIQUE tiré sur papier rose, contenant :

1° La couverture en 5 états, y compris le DESSIN ORIGINAL et UN CROQUIS d'ÉMILE MAS ;

2° Le Frontispice en 4 états, dont deux avant la lettre

sur Chine volant, et deux avec la lettre sur Chine volant et Hollande ;

3° 74 Fumés :

4° Une eau-forte de Foulquier : les Bouquinistes sur le Pont-Neuf au XVII° siècle.

114. **UZANNE** (O.). Le Calendrier de Vénus. *Paris*, *Rouveyre*, 1880, in-8, front. à l'eau-forte par Marius Perret, cart. dos et coins de mar. r., tête dor., non rog., couv.

L'un des 50 exemplaires tirés sur papier Whatman, ENRICHI DE 28 COMPOSITIONS ORIGINALES INÉDITES de PAUL AVRIL (Aquarelles et Dessins).

115. **UZANNE** (O.). **Dictionnaire Bibliophilosophique**, typologique, iconophilesque, bibliopégique et bibliotechnique à l'usage des Bibliognostes, des Bibliomanes et des Bibliophilistins, par Octave Uzanne, polybibliographe et philologue. *Paris, imprimé pour les Sociétaires de l'Académie des beaux livres Bibliophiles Contemporains. En l'An de Grâce Bibliomaniaque*, 1896 (Janvier 1898), titre r. et n., texte avec ornements, lettres ornées, et 31 planches hors texte, en héliogravure, tirées sur Japon en *noir* et en *couleurs*, mar. vert myrte, branches de fleurs de coquelicots en mosaïque sur le dos et le premier plat de la reliure, doublé et gardes en étoffe, bordure de feuillages dor. et coquelicots, mosaïque de mar. rouge,

mors de mar. vert myrte, doubles gardes, tr. dor. sur brochure, couv., étui (*Ch. Meunier*).

Edition originale de ce Dictionnaire Bibliophilosophique publiée pour MM. les Sociétaires de l'Académie des Beaux-Livres.

Cet exemplaire UNIQUE TIRÉ sur PAPIER du JAPON pour l'auteur et président des Bibliophiles Contemporains contient :

1° Le Dessin original de l'Emboitage par E. Belville ;

2° Epreuve de l'Emboitage sur vélin (or et noir) ;

3° Croquis inédit de P. Berton pour la couverture ;

4° 3 Essais de Couverture ;

5° Couverture. Dessin original en couleur de George de Feure ;

6° 8 Essais sur Japon de la Couverture ;

7° Deux États du *Liseur* de J. Granié avant la lettre ;

8° Deux États de La lectrice sous la lampe de J. Granié avant la lettre ;

9° Une Gravure inédite (La Librairie Floury, refaite) ;

10° États de la lecture de l'*Enfant*. 1er État de morsure de la Bibliothèque ;

11° Page de manuscrit d'auteur ;

12° Essais de titres. Dos de Couverture, Dessin original du filigrane du papier.

116. **HEIDBRINCK**. Suite de 15 DESSINS ORIGINAUX ayant servi à l'illustration du *Dictionnaire Bibliophilosophique de la Société des Bibliophiles Contemporains*.

1° Le libraire des jeunes (Vanier).

2° Les Brocheuses.

3° Le Bouquiniste (Chanmoru).

4° Marchand d'Estampes (Joly).

5° Marchand d'Affiches (Sagot).

6° Le Libraire moderne (H. Floury).

7° Le Croquiste (Heidbrinck).

8° La lecture en wagon (Mme X, Directrice de la Fronde).

9° La Lecture au Square.
10° La Lecture au Jardin du Pont-Neuf.
11° Le Dessinateur aquarilleur de marges.
12° Une Vente de Livres à l'Hôtel Drouot.
13° Les Lecteurs du Boulevard.
14° Le Coloriste au patron.
15° Le Marchand de Rops (Pellet).
ADMIRABLES DESSINS AU CRAYON NOIR, D'UNE SURETÉ ET D'UNE VIGUEUR D'EXÉCUTION INCOMPARABLES.

117. **UZANNE** (O.). Le Dilettantisme littéraire et la curiosité. **L'Art et l'Idée**. Revue contemporaine illustrée. Publiée par Octave Uzanne. *Paris*, 1892, 2 vol. gr. in-8, front., fig. dans le texte et planches hors texte, en noir et en couleurs, demi-rel. mar. rouge, tête dor., non rog., couv. (*Noulhac*).

L'un des 15 exemplaires tirés sur papier de Chine, contenant tous les tirages à part des exemplaires de luxe (les pages 81 à 160 du tome premier sont sur papier teinté).

118. **UZANNE** (O.). L'Ecole des Faunes, fantaisies muliéresques. Contes de la Vingtième Année — Bric à Brac de l'Amour — Calendrier de Vénus — Surprises du Cœur. Décorations en camaieu par Eugène Courboin, frontispice de D. Vierge, interprété à l'eau-forte par F. Massé. *Paris, H. Floury*, 1896, gr. in-8, cart. dos et coins de perc. rose, non rog., couv.

Tiré à 700 exemplaires numérotés (n° 546). L'un des 660 sur papier vélin satin d'Ecosse auquel on a ajouté :

1° Une Couverture inédite tirée sur papier de Chine ;

2° Une lettre de l'illustrateur du livre Eugène Courboin ;
3° Essais de titres et épreuves ;
4° Quelques-uns des en-têtes coloriés sur épreuves originales par Eugène Courboin et ayant servi de modèle au coloriste (montées à part) ;
5° Le MANUSCRIT AUTOGRAPHE de la préface de cette édition.

119. **UZANNE** (O.). La Femme à Paris. Nos Contemporaines, notes successives sur les Parisiennes de ce Temps dans leurs divers Milieux, Etats et Conditions. Illustrations de Pierre Vidal. *Paris, Librairies-Imprimeries réunies*, 1894, gr. in-8, demi-rel. dos et coins de mar. vert, dos plat avec ornem. de feuillage dor. et roses en mosaïque de mar. rouge, fil., tête dor., non rog., couv. (*Bretault*).

Exemplaire ENRICHI de UNE JOLIE AQUARELLE ORIGINALE de RASSENFOSSE, élève de Rops (sur le faux-titre).

120. **UZANNE** (O.). Le Miroir du Monde, notes et sensations de la vie pittoresque. Illustrations en couleurs d'après Paul Avril. *Paris, Quantin*, 1888, in-4, br., couv. impr. en couleurs, emboitage cuir japonais.

L'un des 200 exemplaires tirés sur papier du Japon (n° CXXXII)

121. **UZANNE** (O.). Monument esthématique du XIXe siècle. **Les Modes de Paris**, variations du goût et de l'esthétique de la femme (1797-1897).

Illustrations originales de François Courboin dans le texte et hors texte, d'après des documents inédits. *Paris, Société française d'Editions d'Art, L. Henry May*, 1898, in-8 jésus, demi-rel. dos et coins de mar. vert olive, dos orné, fil., tête dor., non rog., couv. (*Noulhac.*)

Exemplaire tiré sur papier du Japon, avec double suite de cent planches hors texte, avant le coloris. On y a ajouté :
1° 2 Essais de titre ;
2° 2 Lettres autographes de George Auriol ;
3° La couverture tirée en noir ;
4° 4 planches d'essais de gravures sur papier Gillot contenant 25 sujets ;
5° 4 planches de Fumés sur papier de Chine volant contenant 40 sujets.

122. **UZANNE** (O.). La Nouvelle Bibliopolis. Voyage d'un novateur au Pays des Néo-Icono-Bibliomanes. Lithographies en couleurs et marges décoratives de H.-P. Dillon, frontispice à l'eau-forte d'après F. Rops, nombreuses Illustrations dans le texte et hors texte. *Paris, H. Floury*, 1897, in-12, cart. vél. bl., non rog., couv. (*Noulhac.*)

L'un des 100 exemplaires tirés sur papier impérial du Japon (n° LXXXIII), contenant le tirage à part en noir sur Japon, du frontispice et des lithographies en couleurs.
RELIURE ÉGLOMISÉE par PIERRE ROCHE, sur parchemin avec ouvertures translucides sur GOUACHES ORIGINALES.
EXEMPLAIRE UNIQUE dans cette condition.

123. **UZANNE** (O.). La Reliure moderne, artistique et fantaisiste. Illustrations reproduites d'a-

près les originaux par P. Albert-Dujardin et dessins allégoriques de J. Adeline, G. Fraipont, A. Giraldon, frontispice de A. Lynch, gravé par Manesse. *Paris*, *Rouveyre*, 1887, gr. in-8, demi-rel. dos et coins de mar. gren., dos sans nerfs, ornem. et attributs dor.et mosaïqués, fil., tête dor., non rog., couv. (*Ch. Meunier.*)

Exemplaire de l'auteur contenant :
1° 18 pages d'épreuves avec corrections d'auteur ;
2° 2 lettres autographes de l'éditeur ;
3° 24 planches inédites photographiées de reliures, compositions de : MM. Lucien Magnin de Lyon, Ch. Meunier, Ruban, Trautz-Bauzonnet ;
4° 14 planches de reliures en noir et en couleurs, pub. dans la Revue « Le Livre » ;
5° Un portrait de Trautz-Bauzonnet.

124. **UZANNE** (O.). Son Altesse la Femme, illustrations de H. Gervez, J.-A. Gonzalès, L. Kratké, A. Lynch, Ad. Moreau et F. Rops. *Paris*, *Quantin*, 1885, gr. in-8, cart. dos et coins de vél. bl., titre calligraphe, tête dor., non rog., couv. (*Carayon.*)

L'un des 100 exemplaires tirés sur papier du Japon (n° 26) contenant le tirage hors texte des en-têtes de chapitres

125. **UZANNE** (O.). Les Surprises du Cœur. *Paris*, *Rouveyre*, 1881, in-8, front. à l'eau-forte par Géry-Bichard, fleurons, culs-de-lampe et lettres ornées, demi-rel. dos et coins de mar. orange, dos orné à petits fers et fleurs en mosaïque

de mar. bleu, fil., doublé et gardes papier japonais, doubles gardes, tête dor., non rog., couv. (*Champs*.)

L'un des 12 exemplaires tirés sur papier du Japon (n° 9) contenant :

1° Le DESSIN ORIGINAL de PAUL AVRIL pour la couverture, et une épreuve de graveur :

2° Le frontispice en 8 états, 1er état ; 2e état (sur papier de Hollande), 3e état (sur papier du Japon), 4e état avec remarques (sur papier de Hollande), 4 épreuves tirées sur satin blanc et crème en *noir*, en *bleu*, en *sanguine* et en *bistre*.

126. **UZANNE** (O.). Vingt jours dans le Nouveau Monde, 175 illustrations d'après nature. *Paris, May et Motteroz, s. d.* (1893), in-12 obl., cart. dos et coins de mar. r., non rog.

EXEMPLAIRE UNIQUE tiré sur PAPIER de CHINE.

Ce volume est le récit humoristique et observé d'un voyage de cent jours en Amérique, de mars à juin 1893. L'auteur, pour ne pas paraître attacher une importance excessive à ses notes sur le pays des dollars, a voulu les publier dans la jolie collection des vingt jours de vacances des guides Constant de Tours ; c'est ce qui explique la différence frappante qui existe entre le voyage réel de plus de trois mois et le titre modeste de ce guide surabondamment illustré.

127. **UZANNE** (O.). **Voyage autour de sa Chambre.** Illustrations de Henri Caruchet, gravées à l'eau-forte par Frédéric Massé, relevées d'Aquarelles à la main. *Imprimé à Paris, pour les Bibliophiles indépendants, H. Floury*. 1896, in-4, mar. violet, dos orné d'une branche de lis

en mosaïque, semis de fleurs de myosotis et branches de fleurs dorées et mosaïquées de mar. de diverses couleurs sur le premier plat, semis de fleurs de marguerites en mosaïque de mar. blanc et citron encadrées d'hirondelles dor. et fleurs de myosotis en mosaïque de mar. bleu clair, couvrant entièrement le second plat, doublé et gardes en étoffe de soie avec fleurs, large bordure avec ornem. en mosaïque de mar. de diverses couleurs, mors de mar. violet, doubles gardes, tr. dor. sur brochure, couv. étui (*Raban.*)

Edition tirée à 210 exemplaires (nº 48).

EXEMPLAIRE UNIQUE contenant :

1º 6 lettres autographes de Henri Caruchet, l'illustrateur du livre ;

2º La couverture, en 3 états ;

3º Le tirage à part en couleurs des encadrements du texte ;

4º Le tirage à part, en noir avec remarques des encadrements du texte ;

5º LES CROQUIS en AQUARELLES ORIGINALES DE TOUS LES DESSINS D'ENCADREMENTS par CARUCHET, dont plusieurs ont été modifiés.

128. **UZANNE** (O.). Les Zigzags d'un curieux. Causerie sur l'art des livres et la littérature d'art. *Paris*, *Quantin*, 1888, in-12, front. à l'eau-forte de F. Buhot, cart. soie brodée chinoise avec reliefs d'or, non rog., couv.

EXEMPLAIRE UNIQUE imprimé sur papier rose, avec le frontispice de Buhot en deux états dont l'un à marges symphoniques.

129. **UZANNE** (O.) et A. **ROBIDA**. Contes pour les Bibliophiles, nombreuses illustrations dans le texte et hors texte. *Paris, Librairies-Imprimeries réunies*, 1895, in-4, cart. dos et coins de mar. olive, dos plat avec ornem. dor., fil., non rog., couv. (*Noulhac.*)

Exemplaire tiré sur PAPIER de CHINE, avec double épreuve des planches hors texte, et auquel on a ajouté :

1° Le portrait de Octave Uzanne, par Paul Avril, épreuve sur Japon ;

2° 2 Lettres autographes de A. Robida.

130. **VERLAINE** (Paul). Femmes (poésies). *Imprimé sous le manteau et ne se vend nulle part, s. d.*, in-12, br., couv. repliée, titre frappé en or sur le plat.

Cette édition a été imprimée à Londres à 500 exemplaires numérotés (n° 113) et n'a pas été mise dans le commerce.

131. **Vigny** (A. de). Servitude et Grandeur militaires. Compositions de Albert Dawant et Jean-Paul Laurens, eaux-fortes de Louis Muller, Champollion et Decisy. *Paris, Magnier*, 1898, 2 vol. in-8 raisin, titre r. et n., br., couv. illust.

DE LA COLLECTION DES DIX. Tiré à 300 exemplaires numérotés (n° 276). L'un des 160 sur papier vélin de cuve.

132. **VILLON** (François). Œuvres. Texte revisé et préface par Jules de Marthold. Quatre-vingt-

dix illustrations en deux teintes de A. Robida. *Paris, L. Conquet*, 1897, in-8, mar. brun, ornements à froid sur les plats et intérieur, doublé et gardes parchemin, tr. dor. sur brochure, couv, (*Marius Michel*).

SUPERBE EXEMPLAIRE sur papier de Chine, encollé, tiré pour l'éditeur, contenant :

1° Le tirage à part en noir des figures et vignettes.

2° Sur le faux titre : *Ballade du Conquet de Villon*, autographe de Jules de Marthold.

3° COMPOSITION AU CRAYON ET A L'AQUARELLE de A. ROBIDA occupant tout le faux titre.

Exemplaire de Léon Conquet, relié depuis sa vente.

133. **Vivant Denon.** Point de Lendemain, conte, illustré de Treize compositions de Paul Avril. *Paris, P. Rouquette*, 1889, in-8, demi-rel. dos et coins de mar. bleu, dos orné à petits fers, tête dor., non rog., couv. (*Canape-Belz*).

L'un des 300 exemplaires tirés sur papier de Hollande avec le tirage des figures dans le texte.

134. **Zola** (E.). Nouveaux Contes à Ninon. 1 frontispice et 30 compositions dessinés et gravés à l'eau-forte par Ed. Rudaux. *Paris, L. Conquet*, 1886, 2 tomes en 1 vol. in-8, mar. vert, dos orné à petits fers, fil., dent. int., tr. dor. sur brochure (*Chambolle-Duru*).

L'un des 150 exemplaires tirés sur grand papier du Japon (n° 101).

135. **COUVERTURES ILLUSTRÉES de LIVRES CONTEMPORAINS** ; Publications de la Société des Bibliophiles Contemporains ; des Bibliophiles indépendants ; des éditeurs : Plon, Hachette, Maison Quantin ; Launette ; Calmann Lévy ; Floury ; Librairie illustrée ; Garnier frères ; A. Colin, etc., etc. — illustrées par *Eug. Grasset, Caran d'Ache, Carloz Schwabe, L. Metivet, L.-O. Merson, P. Vidal, Louis Morin, J. Cheret, Rudnicki, Robida, Mucha, G. Auriol, Verneuil, Giraldon, Bac, Van Beers, M. Lenoir, Paul Berthon, de Feure ;* et *quantité d'autres Artistes.* — Couvertures illustrées d'Ouvrages Anglais et Américains — Cartonnages, emboitages pour publications modernes.

COLLECTION UNIQUE A L'HEURE ACTUELLE.

Elle se compose d'environ 315 pièces choisies. On y trouve des essais uniques de couvertures, etc., etc.

Elle sera mise sur table sur une mise à prix qui sera fixée au moment de la Vente, s'il ne se présente point d'acquéreur, la collection sera divisée.

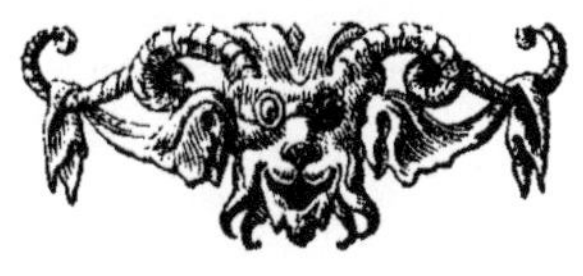

Arras — Imp. Vve Schoutheer-Dubois, rue des Trois-Visages, 53.

www.ingramcontent.com/pod-product-compliance
Ingram Content Group UK Ltd.
Pitfield, Milton Keynes, MK11 3LW, UK
UKHW020433180726
13839UKWH00003B/1482

9 782329 609867